A Book For English Lovers

NAME

Date : ___________________________________

Message :_________________________________

____

____

TENSES ARE MY TEACHER

PRESENT INDEFINITE
PRACTICE BOOK

MRP : ₹ 399/-

Published in JULY 2023

AMRITASHAAN

COPYRIGHT MESSAGE

THE TABLE OF CONTENTS

2023

TABLE OF CONTENTS

Hello and welcome! We're thrilled to have you here as you embark on a journey to enhance your language skills. Our goal is to provide you with easy, simple, and highly effective practices that will boost your confidence in speaking English. Throughout this learning experience, we'll focus on the essential aspect of using the First Form of Verbs. This fundamental skill will not only improve your understanding but also enable you to express yourself more clearly. By honing in on the correct verbs, you'll find yourself navigating English conversations with ease. Consider tense as your guiding teacher on this language adventure.

Gratitude

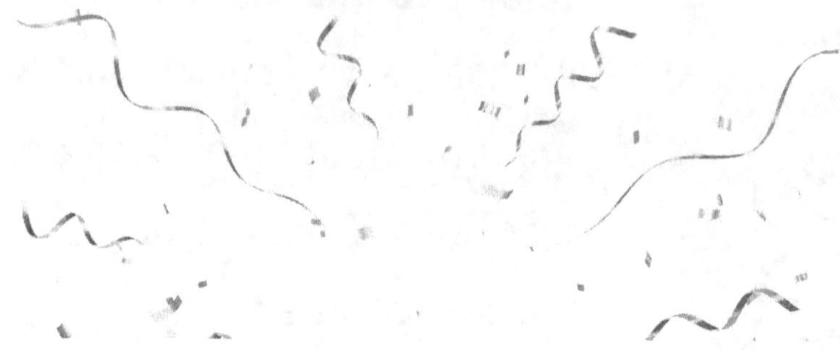

Dear Manav Bia & Bhabi

Life is on the go for the care you do!
The new series of My Book is dedicated
to the love i get from you !

JULY, 2023

In the memory of parents

Amritashaan is an English guide, a motivational teacher for many English learners.

She has been grooming people in the English Speaking Skills for last twenty five years. Her English course AMUSE – 'Amrita Makes You Speak English' has groomed thousands of learners in their speaking skills for their both personal or professional objectives. Amritashaan an IELTS Institute Trainer & Owner is an author too. Her new venture TENSES ARE MY TEACHER is in different volumes and her passionate effort will be a boon for English lovers.

MY OBJECTIVE

English has turned out to be the main language to contact million and millions of people in the world. The language is used every day to communicate with friends, colleagues etc. and if you want to be part of that global conversation, you should know English and knowing English means knowing the tenses in English!

The aim of composing the book is to :

- Make learners understand the practical use of Tenses.
- Make learners practice independently.
- Provide effective material for real improvement.
- Make learners perfect in Hindi – English oral Translation for Speaking English.
- Make native learners Speak English.

7

PRACTICE WAY

- Read the rules of Tense carefully.

- Remember the base verb you are going to practice.

- Read Hindi passage slowly.

- Think of verbs by and by.

- Now keep open Hindi version and try to translate the whole passage in English.

- Take help of given verbs.

- Do it orally.

- Check your work at next page.

- Practice and speak confidently.

PRESENT INDEFINITE

वर्तमान के समय को Present Time कहा जाता है। यदि आप वर्तमान के समय की बात करना चाहते हो तो वह चार ढंग से संभव है। इस Practice Book में हम केवल सबसे पहले Tense और केवल एक ही Tense की बात करेंगे। Tense का नाम ईतना महत्व नहीं है जीतना की उसकी पहचान को समझना।

Recognition of Tense

जिन वाक्यों के अंत में 'ता है ' ती है' 'ते है ' इत्यादि आता है, वह पहला Tense है और नाम है **Present Indefinite**.

रोजाना के जीवन में हम बहुत सी बाते करते है जिसके अंत में **'ता है' 'ती है' 'ते है '** आता है।

जैसे की - मै दिल्ली में रह**ता** हूँ और यहाँ बहुत से लोगो को जन**ता** हूँ।

यहाँ लोग दिनभर मेहनत कर**ते** है, उन्हें आराम का समय नहीं मिल**ता** है।

अपने परिवारों को अच्छा जीवन देने के लिए वो कड़ा संघर्ष कर**ते** है।

ऐसे हजारो उदाहरण आप सोच सकते है। इंग्लिश में बात करने के लिए अपनी बोली जानी वाली भाषा को समझना बेहद जरुरी है।

कुछ और उदाहरण लेते है।

- तुम मुझ से प्यार करते हो पर कभी इजहार नहीं करते हो।
- वह खेलो में रूचि लेता है और इसी क्षेत्र में अपना नाम कमाना चाहता है।
- मैं अपना खाली समय किताबे पढ़ने में बीतता हूँ और सभी को अच्छी पुस्तके पढ़ने की सलाह देता हूँ।
- जब तुम मुस्कुराते हो तो मैं अपने सारे गम भूल जाता हूँ।
- समय कभी किसी के लिए नहीं रुकता है, वह एक ही पल में आगे भाग जाता है।

Examples

आइये first example sentences का **English version means translation** देखते है और फिर बाद में इसके नियमो को समझगें।

- You love me but you never express it.
- He takes interest in sports and wants to make his name in the same stream.
- I spend my leisure time in reading books and advise all to read good books.
- When you smile, I forget my all woes.
- Time does not stop for anyone, it takes off in a moment.

Rule in English

इस तरह के वाक्यों को इंग्लिश में बोलना बहुत आसान है। जरुरी है की आपको इंग्लिश की तीन क्रियाओ का ज्ञान हो। अभी केवल पहली क्रिया means, **first verb** का knowledge जरुरी है।

Like : **Play, teach, sing, help** etc.

Positive Sentence Structure
Subject + 1st verb + Object

- **You play football.**
- **I teach English.**
- **A kind man helps the needy.**
- **My father guides me.**
- **Children pluck flowers.**
- **My teacher makes English easy for me.**
- **The birds enjoy their flight in vast open sky.**
- **God bestows everyone with great blessings.**

Rule in English

इस तरह के वाक्यों को इंग्लिश में बोलना बहुत आसान है। **'नहीं'** वाले वाक्यों को बोलने के लिए do not, does not + 1st verb का प्रयोग होता है। हिंदी में समझना जरुरी है। जैसे - तुम फुटबाल नहीं खेलते हो। मैं इंग्लिश नहीं पढ़ाती हूँ। इत्यादि

Negative Sentence Structure

Subject + Do not / does not + 1st verb + Object

- You do not play football.
- I do not teach English.
- He does not help the needy.
- My father does not guide me.
- Children do not pluck flowers.
- A hard working child does not idle away his time.
- I do not know how to speak French.
- The flowers do not bloom in Spring season.

Rule in English

इस तरह के वाक्यों को इंग्लिश में बोलना बहुत आसान है। 'प्रश्न' वाले वाक्य से शुरू हो जाते है।

जैसे - क्या तुम फुटबाल खेलते हो? क्या वह जरुरतमंदो की मदद करता है? आदि

Interrogative Sentence Structure

Do / does + Subject + 1st verb + Object ?

- **Do you play football in the morning?**
- **Do I teach English in an easy way?**
- **Does it rain here everyday in winter?**
- **Does he help the needy?**
- **Does my father guide me?**
- **When do you sit to relax?**
- **Do children pluck flowers?**
- **Why do you work hard?**
- **How do you go to school everyday?**
- **When does he play his gitar?**
- **What do you do in your leisure time?**

मुझ से मिलो

मेरा नाम है **Joy**. मैं सात साल का छोटा बच्चा हूँ। मैं आपको इंग्लिश बोलने की प्रैक्टिस करवाऊंगा।

मैंने आपके लिए हिंदी में कुछ कहा है, अपने बारे में या फिर बहुत सारे विष्यों पर थोड़ा थोड़ा आसान हिंदी में कुछ लिखा है, आप उसे इंग्लिश में बोलने की कोशिश करे ! सभी बातो का translation भी आप को मिल जाएगा परन्तु translation check करने से पहले ईमानदारी से oral speaking की प्रैक्टिस करे।

आप अपनी सफलता पर खुद को शाबाशी जरूर देंगे।

My name is Joy. I am seven year old small child. I will make you practice Speaking English.

I have said something for you in Hindi. either it is about me or I have written some thing on some topics in simple Hindi for you. You will try to speak it in English. You will get translation of everything but before you check translation, you are expected make speaking practice orally honestly.

Your Successful Attempt Will Cheer You Up!

Practice Time

- मैं इंग्लिश **जानता हूँ** और अपने दोस्तों से इसी भाषा में **बात करता हूँ।** (know, talk)

- मैं घर **जाता हूँ** और माँ से **मिलता हूँ।** (go, meet)

- मेरे पिताजी मेरे लिए खिलोने **लाते है** और मैं उनके साथ सारा दिन **खेलता हूँ।** (bring, play)

- मेरी माँ मुझे **पढ़ाती है** इसलिए मैं कक्षा में **प्रथम आता हूँ।** (teach, stand first)

- तुम मुझे **समझते हो** और मुझसे कभी **नाराज नहीं होते हो।** (understand, get angry)

- **दो और दो चार होते हैं. इसलिए हम साथ मिलकर काम करते हैं.** (makes, work)

- जो लोग अत्यधिक **प्रयास करते है**, सफलता उनके **कदम चूमती है** | (go extra miles, kiss)

- I **know** English and I **talk** with my friends in the same language.
- I **go** home and **meet** my mother.
- My father **brings** toys for me and I **play** with it the whole day.
- My mother **teaches** me that is why i **stand first** in my class.
- You **understand** me and never **get angry** with me.
- Two and two **makes** four. So we **work** together.
- The people who **go extra miles**, success **kisses** their feet.

- मैं पैदल स्कूल नहीं जाता हूँ, मेरी स्कूल बस मुझे वहाँ ले जाती है। **(do not go, takes)**
- तुम फल नहीं खाते हो और मैं मिठाई पसंद नहीं करता हूँ। **(do not eat, do not like)**
- मेरा भाई जन्मदिन नहीं मनाता है क्योकि वह मोमबत्ती बुझाना पसंद नहीं करता है। **(does not celebrate, does not like to blow out)**
- मैं किसी का दिल नहीं तोड़ता हूँ और ना ही किसी के लिए दुर्भावना रखता हूँ। **(do not break, do not wear)**
- मछली पानी से बहार नहीं आती है और शेर पानी में नहीं जाता है। **(does not come out)**

- I **do not go** to school on foot, my school bus **takes** me there.
- You **do not eat** fruit and I **do not like** sweets.
- My brother **does not celebrate** his birthday because he **does not like** to **blow out** a candle.
- I **do not break** anyone's heart and neither i **wear** ill-will for anyone.
- A fish **does not come** out water and a lion **does not go** into water.

- तुम कहाँ जाते हो और क्या करते हो?

- वह तुम्हे फ़ोन क्यों करता है और तुम्हे क्या कहता है?

- बच्चे छुट्टियों में क्या करते है और तुम अपनी छुट्टिया कैसे व्यतीत करते हो ?

- तुम्हारे शहर के लोग तंदरुस्त रहने के लिए क्या करते है और तुम अपनी सेहत का ध्यान क्यों नहीं रखते हो?

- क्या तुम्हारी माँ सोने के समय तुम्हे कहानी सुनती है और क्या कहानिया हमें कोई शिक्षा देती है?

- **Where do** you go and **what do** you do?

- **Why does** he call you and **what does** he say to you?

- **What do** children do in holidays and **how do** you spend your vacation?

- **What do** the people of your town do to stay healthy and **why don't** you take care of your health?

- **Does your mother** tell you a story at bed time and **do the stories** give us any moral?

- Only Present Indefinite
- Keep in mind 1st form verb
- Do not, Does not + 1st verb for Negative Sentences
- Interrogative sentences will start with Do or Does + 1st verb

- Do - I, You & plural Subjects
- Does - He, She, It and with every single 3rd person

मै एक छोटे से परिवार में रहता हूँ। माता पिता के अतिरिक्त मेरा एक छोटा भाई है और एक बड़ी बहन।

पिता जी एक छोटा सा व्यापार करते है और माँ घर के काम काज में व्यस्थ रहती है। छोटा भाई अभी स्कूल नहीं जाता है और सारा दिन मस्ती करता है। बहन पढ़ने में रूचि रखती है और सारा दिन किताबो में खोई रहती है। मै भी मेहनत करता हूँ पर मै अपनी बहन की तरह किताबी कीड़ा नहीं हूँ। मै अपने परिवार में सभी का आदर करता हूँ, सभी से प्यार करता हूँ।

live, have, run, remain busy, does not go, horse around, take interest, remain lost, work hard, am not, respect, love

I live in a small family. Besides my parents. I have a younger brother and elder sister. My father runs a small business and mother remains busy in house hold chores.

My younger bother presently does not go to school and he horses around all day long. My sister takes interest in studies and remains lost in her books.
I too work hard but I am not a book worm like my sister.
I respect all in my family. I love all.

Take down in your vocabulary list :
Horse around & Book worm

यह मेरे घर का सुंदर आँगन है। यहाँ पर आम का एक बड़ा वृक्ष है। इस पेड़ पर बहुत सी चिड़िया रहती है। वे पेड़ की ऊँची शाखा पर अपना घोंसला बनाती है। आम का मौसम आने पर ये पेड़ आमों से भर जाता है। मै इस पेड़ पर चढ़ जाता हूँ और आम तोड़ लेता हूँ। गर्मियों मे, मै और मेरे दोस्त इस पेड़ की छाया मे बहुत से खेल खेलते है।

is, is, live, make, get laden, climb, pluck, play

This is a beautiful courtyard of my house.

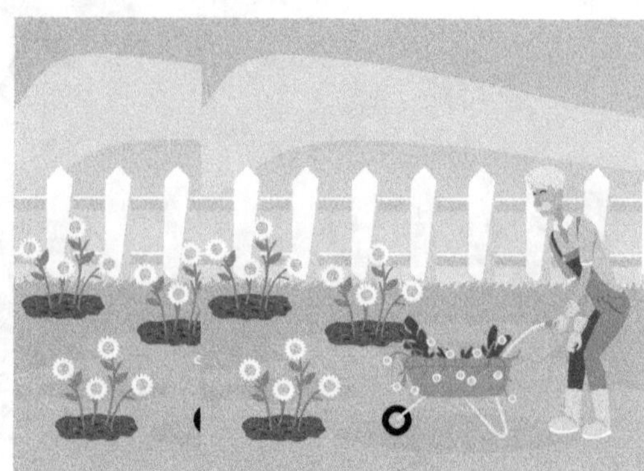

There is a big mango tree. Many sparrows live in the tree. They make their nests on the high branches of the tree. The tree gets laden with mangoes during the season. I climb the tree and pluck the mangoes. I and my friends play many games in the shade of the tree in summer.

What activities you do in your garden?

चलिए अब पूरी प्रैक्टिस के लिए तैयार हो जाइये !

आप को आगे दिए गए सभी paragraph को एक एक करके पहले हिंदी में पढ़ना है और साथ में उस को मौखिक रूप से इंग्लिश में बोलने की कोशिश करनी है। क्योंकि सभी paragraph एक ही Tense / काल में लिखे गए है. 33 paragraphs प्रैक्टिस करते करते आप इस Tense को बेहतर ढंग से समझ पाओगे और आसानी से बोल पाओगे।

यह मेरा कमरा है। मैं इस कमरे में रहता हू। मैं इसे हमेशा साफ़ रखता हूँ। मै कभी अपना सामन इधर उधर नहीं बिखेरता हूँ। जब सुबह मैं अपना बिस्तर छोड़ता हूँ तो अपना बिस्तर ठीक कर देता हूँ।

फिर मैं अपने कमरे की खिड़की खोल देता हूँ। सुबह की सूरज की किरणे मेरे कमरे को तरोताजा कर देती है। ठंडी हवा के झोंके कमरे को महका देते है।

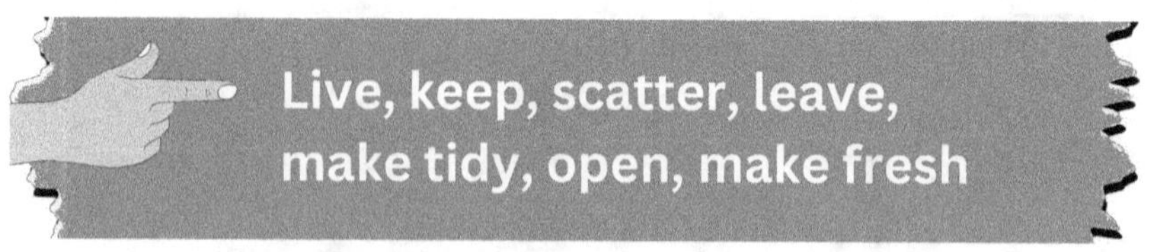

Speak English - 1

This is my room. I live in this room. I always keep it clean. I never scatter my things here and there. When I leave my bed in the morning.

I make my bed tidy. Then I open the window of my room. The morning rays of the sun make my room fresh. The cool gust of wind aromatize my room.

Learn the words and verbs you do not know and Say it again with more information about your room.

यह एक सेब है। मैं रोज एक सेब खाता हूँ। मेरी माँ इसे छिलती है, इसे टुकड़ों में काटती है और मुझे खाने को देती है। मैं सेब खाना पसंद करता हूँ। फल मेरे दैनिक आहार का हिस्सा हैं।

लोग कहते है, सेब खाने से डाक्टर दूर रहते है। इसका मतलब है की जो कोई सेब खाता है, वो बीमार नहीं होता है।

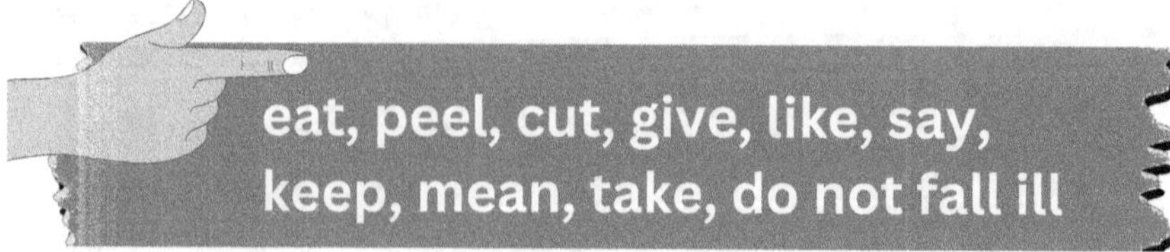

This is an apple. I eat one apple daily. My mother peels it. cuts it into pieces and gives it to me to eat. I like to eat

apple. Fruit are the part of my daily diet. People say. An apple a day keeps the doctor away. It means. those who take apples. do not fall ill.

Common sayings / proverbs are not translated word to word.

मै एक बड़े स्कुल में पढ़ता हूँ। बहुत से बच्चे वहाँ शिक्षा ग्रहन करने आते है। सुबह की असम्ब्ली शुरू होने से पहले मैं स्कुल पहुंच जाता हूँ।

मैं समय के महत्व को समझता हूँ।

जो बच्चे देर से कक्षा में आते है, उन्हें प्रिंसिपल से सजा मिलती है। समय का पाबंद और अनुशासित छात्र होने के लिए मुझे हमेशा पुरस्कार मिलता है।

study, get, start, reach, understand, come, get punishment

I study in a big school. Many children come there to get education. I reach there before the morning assembly starts. I understand the value of time. The students who come to class late. they get punishment from the principal. I always get award for being punctual and disciplined student.

School is temple of learning and a teacher is our God.

मैं अपनी शाम अपने दोस्तो के लिए खाली रखता हूँ। शाम को हम एक खेल के मैदान में इकट्ठा होते है और बहुत से खेल खेलते है। मेरा दोस्त अमन खेलने नहीं आता है क्योकि उसकी माँ उसे खेलने से मना करती है। मेरी माँ कहती है जो बच्चे शाम को खेलते है, वे तंदरुस्त रहते है।

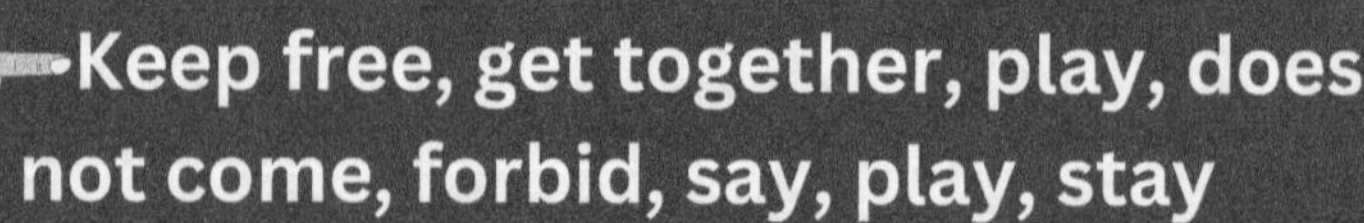

I keep my evening free for my friends. We get together in a play ground and play many games. My friend Aman does not come to play because his mother forbids him to play. My mother says, the children who play in the evening, they stay healthy.

All work no play, makes Jack a dull boy.

सुबह जल्दी उठाना एक अच्छी आदत है। मेरा दिन तब शुरू होता है जब माँ सुबह आ कर मेरा माथा चूमती है। माँ मुझे कहती है उठो और अपने काम पर लग जाओ। एक छोटी चिड़िया मेरी खिड़की पर आती है और चहचहाती है। एक ठंडी हवा का झोंका कही से फूलो की मीठी सी खुशबू ले आता है। मैं उस समय बिस्तर छोड़ देता हूँ और ईश्वर को खूबसूरत दिन के लिए धन्यवाद करता हूँ।

Is, start, kiss, wake up and shine
come, chirp, bring, leave, thank

Getting up early in the morning is a good habit. My day starts when my mother comes and kisses my forehead. She asks me to wake up and shine.

A little sparrow comes at my window and chirps. A cool gust of wind brings a sweet fragrance of flowers from somewhere. I leave the bed at the same time and thank God for the beautiful day.

Who wakes you up in the morning?

रात सोने का समय है। मैं रात दस बजे सो जाता हूँ। सोने से पहले मैं पाँव धोता हूँ, रात की साफ़ ड्रेस पहनता हूँ, ईश्वर को याद करता हूँ, अपनी कहानी की पुस्तक उठता हूँ और अपने बिस्तर में घुस जाता हूँ। कहानी पढ़ते पढ़ते मैं सो जाता हूँ।

माँ कहती है की सोने के समय कहानी पढ़ना अच्छा होता है। मैं बहुत गहरी नींद सोता हूँ।

Is, sleep, wash, wear, remember, take, go into, fall aslee[, say, is

Night is a time to sleep. I hit the sack at ten at night. Before sleeping. I wash my feet. wear clean night dress. pray to God. take my story book and go into my bed. I fall asleep while reading a story. My mother says that it is good to read a story at bed time. I sleep like a baby.

Is, hit the sack, wash, wear, remember, take, go into, fall aslee[, say, is, sleep like a baby

मैं आइसक्रीम खाना पसंद करता हूँ। जब मैं बाजार जाता हूँ, आइसक्रीम की फरमाइश करता हूँ। कभी मैं एक कप आइसक्रीम खा कर खुश हो जाता हूँ तो कभी और और खाने को दिल होता है। मेरी माँ

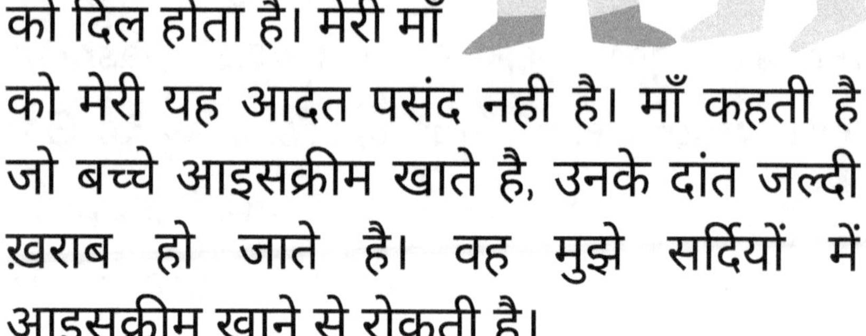

को मेरी यह आदत पसंद नही है। माँ कहती है जो बच्चे आइसक्रीम खाते है, उनके दांत जल्दी ख़राब हो जाते है। वह मुझे सर्दियों में आइसक्रीम खाने से रोकती है।

Like, go, make a demand, feel happy, wish to take, does not like, say, eat, get spoiled, forbid

Speak English - 7

I like to eat ice-cream. When I go to market. I make a demand for ice-cream. Sometimes I feel happy at one cup of ice-cream and sometime I wish to take more.

My mother does not like my this habit. My mother says that children who eat ice-cream. get their teeth spoiled in their early age. She forbids me from taking ice-cream in winter.

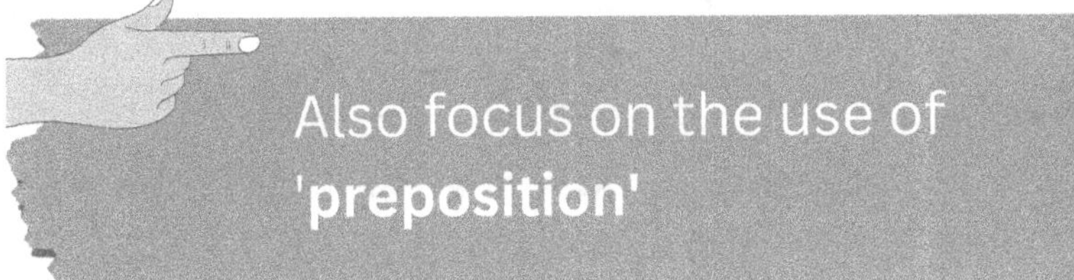

मेरे पास एक पालतू कुत्ता है। मैं उसे शैतान नाम से बुलाता हूँ क्योकि वह एक शैतान है। वह मेरा सामान इधर उधर छुपा देता है। जब मैं उसे गुस्सा करता हूँ तो मुँह फुला कर बैठ जाता है। वह नखरे ऐसे दिखाता है जैसे घर का महाराजा वही है।

मैं शाम को घर वापिस आता हूँ तो मेरे पैरो में लोटता है, मेरे हाथो को चाटता है, मुझ तक पहुंचने के लिए ऊँचा उछलता है। वह चाहता है मैं उसे लाड करू।

वह मुझ से प्यार लेता है और बदले में बहुत सा प्यार देता भी है।

have, call, do mischief, hide, shout at, make a long face, show, return, roll, lick, jump to reach, want, pamper, take, give

I have a pet dog. I call him by the name Devil because he is mischievous like a devil. He hides my things here and there. When I shout at him. he makes a long face. He shows his attitude as if he were the king of the house. When I return home in the evening. he rolls in my feet. licks my hands and jumps high to reach up to me. He wants me to pamper him. He takes love from me and gives me abundance of love in return.

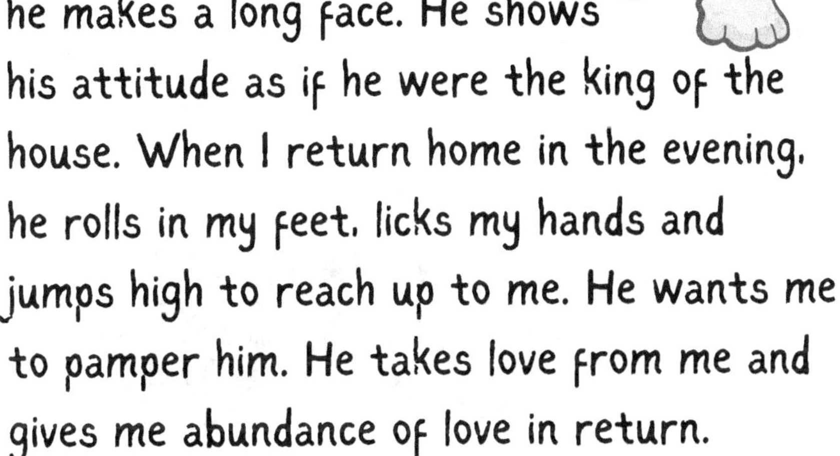

What does your pet do when you go back to your home?

मेरे पास एक छोटा साइकिल है। मुझे इसका लाल रंग बहुत पसंद है। इसकी छोटी सुंदर टोकरी में मैं अपना कुछ सामान रखता हूँ। अभी मुझे इसे चलाना नही आता है। मैं अपने साइकिल को यहाँ से वहां खीचंता हूँ। शाम के समय मेरे पिता जी मुझे साइकिल चलाना सिखाते है। वह मुझे गद्दी पर बैठाते है और पैडल चलाने को कहते है। वह मेरे साथ रहते है और मुझे चोट लगाने से बचाते है। कभी कभी जब मैं साइकिल से गिर जाता हूँ तो वह मुझे उठने को कहते है और बहादुर बनने को कहते है।

I have a small cycle. I like red colour of it the most. I place a few of my things in its small beautiful basket. Presently I do not know how to ride it. I drag my cycle from here to there. My father teaches me how to ride a cycle in the evening. He makes me sit on the seat and asks me to paddle. He stays with me and saves me from getting hurt. Sometime when I fall down from cycle, he asks me to stand up and be brave.

Make list of the verbs used here.

मेरी माँ एक दयालु महिला है। वह घर में सभी का ध्यान रखती है। वह उन सभी की मदद करती हैं जो मुसीबत में हो। वह बड़ों का सम्मान करती है

और सभी के साथ अच्छा व्यव्हार करती है। जब वह घर में नहीं होती है तो मै बहुत उदास हो जाता हूँ और मुझे उनकी याद सताती है। मैं अपनी मां का बहुत सम्मान करते हैं।

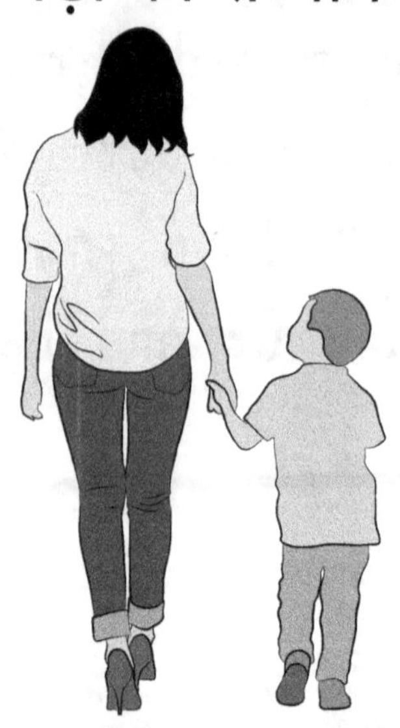

is, take care, help, are, respect, behave, is not, feel sad, miss, respect

My mother is a kind lady. She takes care of all at home. She helps all those who are in trouble.

She respects the elder and behaves nicely with all. When she is not at home. I feel very sad and I miss her. I respect my mother a lot.

May mothers of all children live long!

दूध हमें पौष्टिक आहार देता है। मैं रोज दो गिलास दूध पीता हूँ। मेरी बहन दूध पसंद नही करती है और इससे बचने के लिए दुनिया भर के बहाने बनाती है।

माँ कहती है, दूध हमें बलवान बनाता है और जो बच्चे दूध पीते है वो जल्दी लम्बे हो जाते है।

Milk gives us nutritious diet. I take one glass of milk daily. My sister does not like milk and to avoid taking it, she makes all the excuses under the sun.

My mother says, Milk makes us strong and the children who takes milk, grow tall early.

गांव हमारे देश की शोभा है।

हमारे देश का एक बहुत बड़ा हिस्सा गांवो में रहता है। यहाँ के भोले भाले लोग सादा जीवन जीते है। वे खेती बाड़ी पर निरभर करते है। वे आनाज उगाते है और सारे देश का पेट भरते है।

हम अपने देश के किसानो को सलाम करते है।

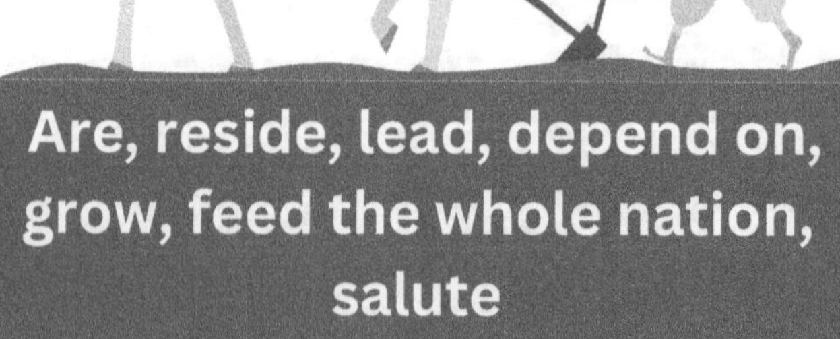

Villages are the grace of our country. A big part of our country resides in villages. The innocent people of villages lead a very simple life. They depend on agriculture. They grow crops and feed the whole nation. We salute the farmers of our country.

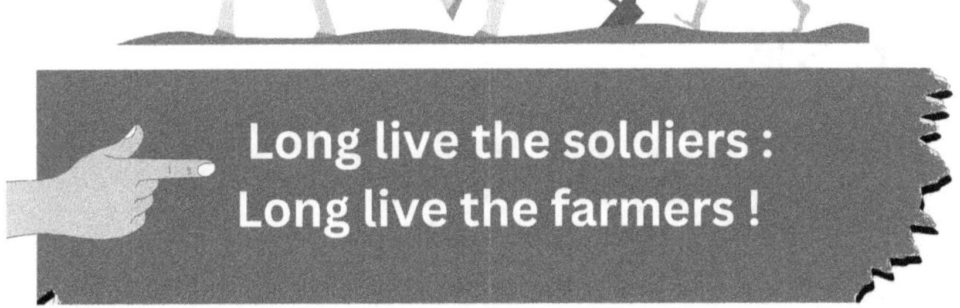

दिल्ली भारत की राजधानी है। मेरे अंकल इस चहलपहल वाले शहर में रहते है। मैं अपने अंकल के पास छुट्टियों में जाता हूँ। वह मुझे लाल किला दिखाते है, कुतुबमीनार ले जाते है और मेट्रो की सैर करवाते है। हम रोज रात को बाजार अपनी मनपसंद की आइस्क्रीम खाने भी जाते है।

Delhi is the capital of India. My uncle lives in this city of hustle and bustle. I go to my uncle in my holidays. He shows me the red fort. takes me to the Kutubminar and makes me travel through the metro.

We go to market every night to eat our favourite ice-cream.

मछली जल की रानी है, जीवन उस का पानी है।

जब हम उसे हाथ लगाते है तो वह डर जाती है। जब हम उसे पानी से बाहर निकालते है तो वह मर जाती है। कुछ लोग मछली पकड़ते है, उसे तलते है और उसे खा जाते है। मैं हर जीवित प्राणी का सम्मान करता हूँ।

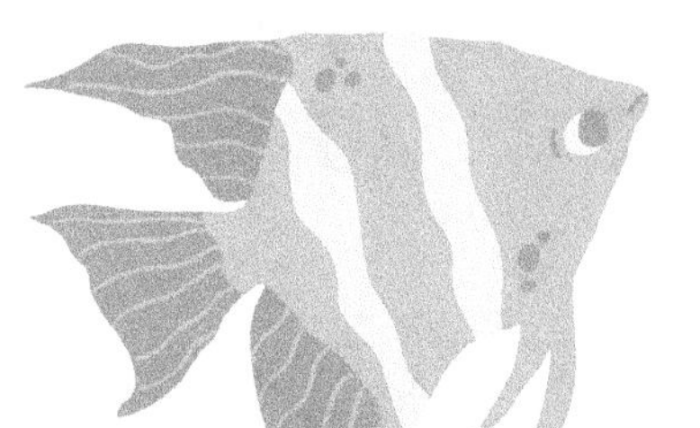

A fish is the queen of water;
Water is her life.
When we touch her, she gets scared. When we take her out of water, she dies. Some people catch fish, fry it and it eat it up.
I respect all living creatures.

Which Hindi poem could you recall from the passage?

इन्द्रधनुष कुदरत का एक सुन्दर नाजारा है। बारिश के बाद कभी कभी आकाश में सात रंग बिखर जाते है और वह एक धनुष की तरह दिखते है। बच्चे इंद्रधनुष को देख आशर्यचकित हो जाते है और ख़ुशी से नाचने लगते है। कभी-कभी मुझे लगता है कि भगवान के पास मेरे रंग से बेहतर रंग किट है, जिससे वह दुनिया को खूबसूरती से रंग देता है।

A rainbow is a wonderful phenomenon of nature.
When sometime after rain, seven colours spread in the sky, they look like an arrow. Children get fascinated to see the rainbow and they start dancing with joy. Sometime I feel, God has better color kit than mine with which he paints the world beautifully.

शेर जंगल का राजा है। वह एक गुफा में रहता है और पुरे जंगल में राज करता है।

वह दिन भर सोता है और रात को अपने शिकार पर निकलता है। वह झाड़ियो में छिप कर बैठ जाता है और अपने शिकार पर हमला कर देता है।

कभी कभी वह शिकार करने नदी के किनारे जाता है क्योकि वह जानता है की जंगल के सभी जानवर वहां पानी पीने आते है और उसे वहाँ उसका शिकार आसानी से मिल जाता है।

A lion is the king of a forest. He lives in a cave and rules over the whole forest. He sleeps all day long and goes for hunting at night. He sits and hides himself in bushes and attacks his prey. Sometimes he goes to the bank of a river for hunting because he knows that all the animals of the forest come there to drink water and there he gets his prey easily.

is, live, rule over, sleep, go for hunting, hide, attack, go, know, come to drink, get

यह एक सुंदर चिड़िया है।
यह अपने छोटे से घोंसले में
रहती है। यह सुबह अपने घोंसले
से निकलती है और एक टहनी से दूसरी
टहनी पर फुदकती है। हर कोई इसका
चहचहाना पसंद करता है। यह अपने बच्चो
का पूरा ध्यान रखती है। उनके भोजन की
तलाश में यह दूर चली जाती है। चोंच में दाना
लाती है और छोटे बच्चो के मुँह में डाल
देती है। यह सभी के लिए
खुशियों का सन्देश लाती है।
मुझे उन पक्षियों पर दया आती
है जिन्हें लोग पिंजरे में बंद करके
रखते हैं।

is, live, come out, hop, like, take full
care, fly far off, bring, put into,
bring, feel pity

This is a beautiful sparrow. She lives in her small nest.

She comes out of her nest in the morning and hops from one branch to the other. Everyone likes her chirping. She takes full care of her little ones. She flies far off in search of their food. She brings feed in her beak and puts it into their beak. She brings a message of happiness for everyone. I feel pity for the birds whom people keep in cages.

What five activities this lovely sparrow does everyday?

गुलाब फूलो का राजा है।
लोग इसे अपने बगीचे
में उगाना पसंद करते है।
इसकी खुशबू सभी को
आकर्षित करती है। सभी
इसका प्रयोग पूजा, सजावट और
औषधि के लिए करते है। यह जिस बगिया में
खिलता है उसे न केवल सूंदर बनाता है बल्कि
अपनी खुशबू से वातावरण को महका देता है। मैं
अपने मित्रो को उनके जन्मदिन पर गुलाब देना
पसंद करता हूँ।
गुलाब संदेश देता है कि गुलाब की पंखुड़ियों की
तरह खिलो, थोड़े समय तक जीवित रहो और
अपनी भीनी-भीनी खुशबू छोड़कर मुरझा जाओ।

is, like to grow, attract, use, bloom,
make beautiful, make aromatic, like to
gift, gives, bloom, live, fade away

A rose is a king of flowers. People like to grow it in their garden. Its fragrance attracts all. Everybody makes use of it for prayer, decoration and medicine. It not only makes the garden beautiful where it blooms but also makes the environment aromatic with its fragrance. I like to gift a rose to my friends on their birthdays. A rose gives a message that bloom like the petals of rose, live for a short while and fade away leaving your sweet fragrance behind.

Fragrance stays in the hand that gives a rose!

हरकोई अपने जीवन में सफल होना चाहता है। दुनिया के सफल लोग कहते है की सफलता का एक ही मन्त्र है।

जो लोग उस मन्त्र को जानते है वह कभी असफलता का मुँह नही देखते है।

साधारण सा रहस्य है, वह अपने काम को जोश से करते है और काम में उन्हें बेहद ख़ुशी मिलती है।

कार्य से सफलता मिलती है। एकमात्र स्थान जहां सफलता काम से पहले आती है वह शब्दकोष है।

want, say, is, know, never face, is, do, find

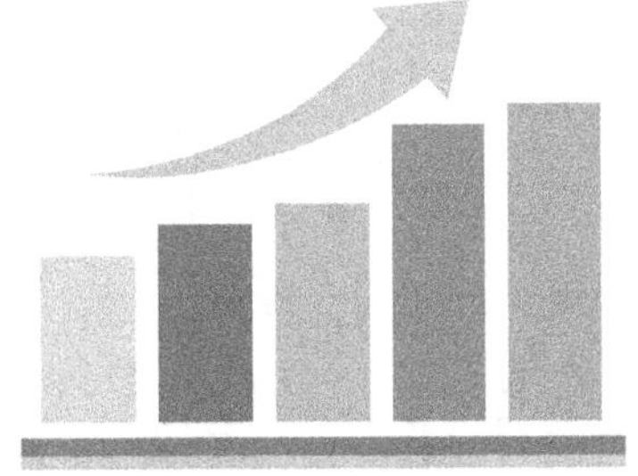

Everyone wants to get success in his life. The successful people of the world say that there is only one mantra for success. The people who know the mantra. they never face failure. The secrete is quite simple. they do their work with passion and they find extreme delight in their work. Work leads to success. The only place where success comes before work is dictionary.

पैसे का जीवन में बहुत महत्व है। अच्छा जीवन जीने के लिए यह हर किसी की जरुरत है। लोग मेहनत करते है और पैसा कमाते है।

एक मजदूर दिनभर कड़ी गरमी में सड़क के किनारे पत्थर तोड़ता है; तब कही जाकर उसे एक दिन का रोजगार मिलता है। वह अपनी रोजी रोटी कमाता है। इस पैसे से वह अपने परिवार का पालन पोषण करता है और उनकी जरूरते पूरी करता है। पैसे से ही समाज में सम्मान मिलता है।

दान-पुण्य का कार्य करना उन लोगों के लिए संभव हो पाता है जो अच्छी-खासी धन-संपत्ति अर्जित करके संपन्न हो जाते हैं।

need, work hard, earn, break, get, make both ends meet, look after, fulfill, earns, go possible, become

Money has great importance in life. It is the need of everyone to lead a good life. People work hard and earn money. A worker breaks stones by the side of a road all day long in the scorching heat and then he gets merely the wages of a day. He makes his both ends meet. He looks after his family with the money and fulfills their needs. Money earns respect in the society.

Doing charitable work even goes possible for those who become affluent by earning handsome wealth.

'Makes both ends meet' means to earn livings.

सूरज आग का गोला है। जब यह उगता है तो दिन होता है। जब यह डूब जाता है तो रात हो जाती है। यह हमें रोशनी देता है। पेड़ पौधे इस की रोशनी में अपना भोजन बनाते है। लोग चढ़ते सूरज की पूजा करते है। गर्मियों में यह बहुत तेज चमकता है परन्तु इसकी गरमाहट को लोग सर्दियों में पसंद करते है। वे समुन्द्र के किनारे चले जाते है और धूप सकते है। गर्मियों में जब काले बादल इसे छिपा देते है तो लोगो को गर्मी से राहत मिलती है।

is, rise, day break, set, night fall, give, make, worship, shine, like, go, bask, hide, get relief

The sun is a ball of fire. When it rises, the day breaks. When it sets, the night falls. It gives us light. The vegetation makes its food in the light of the sun. People worship the rising sun. It shines very brightly in the summer but people like its warmth in winter.

They go to the sea shore and enjoy basking. When the dark clouds hide it in summer, people get relief from the heat of the sun.

Pick out all the verbs from the passage.

चाँद आकाश में सबसे बड़ा चमकने वाला तारा है। यह पृथ्वी के चारो और घुमता है। जब शाम को सूरज छिप जाता है तो चाँद अपनी चान्दनी बिखेरने आ जाता है। छोटे छोटे तारे इस के सामने टिमटिमाते है।

छोटे बच्चे चाँद में कभी बूढी अम्मा को ढूंढते है तो कभी कल्पना के पर लगा कर चाँद की सुन्दर दुनिया में पहुँच जाते है।

मैं रात को चाँद को देखना पसंद करता हूँ।

is, move around, set down, appear, twinkle, search, reach, like

The moon is the biggest shining star in the sky. It moves around the sun. When the sun sets down in the evening, the moon appears to spread its moonlight. Tiny stars twinkle in front of it. The little children sometime search old lady in the moon or they reach the beautiful world of the moon on the wings of imagination. I like to look at the moon at night.

Nature presents a beautiful feast to eyes.

नदी प्रकृति का एक महत्व पूर्ण अंग है। यह पर्वतो से निकलती है। यह हमें पीने को ठंडा जल देती है। जहां से ये गुजरती है, ये उस धरती को उपजाऊ बना देती है। यह कभी रुकती नहीं है। बहती नदी की कल-कल आवाज कुदरत का मधुर संगीत पैदा करती है। भारत में लोग नदियों को माँ की तरह पूजते है।

Is, originate, give, make, pass, stop, produce, worship

A river is an important part of nature.
It originates from the mountains.
It gives us cool water to drink. It makes
the land fertile from wherever it passes
through. It never stops. The 'kal-kal'
sound of flowing river produces the
music of nature. The people in India
worship rivers like a mother.

It is the duty of everyone to keep the rivers neat and clean.

इंग्लिश बोलो - 24

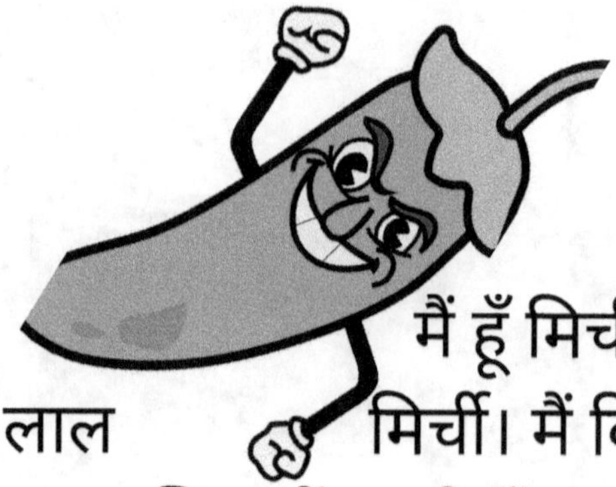

मैं हूँ मिर्ची, हरी मिर्ची और लाल मिर्ची। मैं विभिन्न आकार और साइजिज में आती हूँ। फलो को लोग मीठे स्वाद के लिए पसंद करते है और मुझे मेरे तीखे सवाद के लिए खरीदते है।

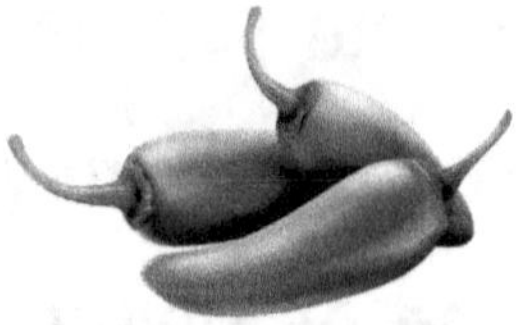

मै किसी भी भोजन का सवाद बड़ा देती हूँ। छोटे बच्चे मुझे पसंद नही करते है। यदि वह मिर्ची वाली सब्जी खाते है तो उनका मुँह जल जाता है।

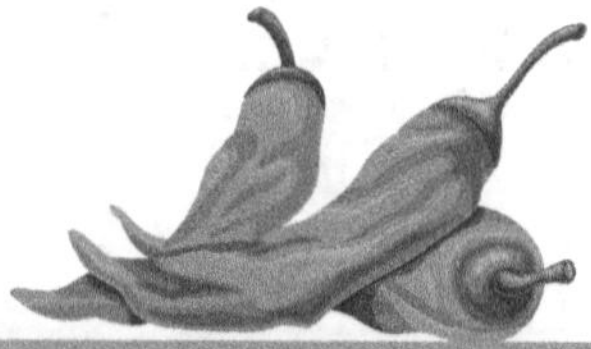

Am, come, love, buy, enhance, do not like, eat, get the taste of fire

I am a chilly, green chilly and red chilly. I come in different shapes and sizes. People love fruit for their sweet taste and they buy me for my spicy flavour. I enhance the taste of every food. The little kids do not like me. If they eat spicy food, they get the taste of fire.

Which type of food do you like?

घडी का हमारे जीवन में बहुत मह्तव है। मैं घडी की टिक टिक की आवाज पसंद करता हूँ। यह हमें समय की जानकारी देती है। यह दिन रात काम करती है और कभी थकती नहीं है।

यह खामोश रहती है पर बहुत कुछ कहती है।
जो इसके मूल्य
को समझाता है,
वो इस के साथ चलता
है ; क्योकि वह जानता है,
की बीता समय कभी
लौट कर नहीं आता है।

Has, like, inform, work, get tired, remain, say, understand, keep pace, knows

A watch has a great significance in our life. I like the 'tik-tik' sound of the watch. It informs us about time. It works round the clock and never gets tired. It remains silent but says many things. One who understands its value, keeps pace with it ; because he knows 'Time once gone can never be recalled'.

जोकर सर्कस में काम करता है। वह कई तरह के करतब दिखाता है और जनता को हंसाता है। कभी वह हाथी पर चढ़ कर सो जाता है तो कभी रस्सी पर साइकिल चलाता है। बच्चे जब उसकी बड़ी लाल नाक, गोल गिरता पेट, रंगबिरंगी पोशाक देखते है तो हंस हंस कर पागल हो जाते है। वह अपना काम बखूबी करता है।

Work, show, make, sleep, ride, go mad with laughter, see, perform

A clown works in a circus. He shows many types of antics and makes the masses laugh.

Sometimes he climbs and sleeps on an elephant or sometimes he rides a cycle on a rope. Children go mad with laughter when they see his big red nose, round falling tummy and colorful attire. He performs his job brilliantly.

How does a clown make children laugh?

आकाश नीले रंग का दिखता है। यह सारा दिन अपने रंग बदलता है। जब मैं सुबह आसमान को देखता हूँ तो यह संतरी रंग का दिखता है। दोपहर को यह सुनहरा पीला हो जाता है। शाम को जब सूरज ढलता है तो यह बहुत से रंगो से भर जाता है। रात ढलने पर यह अपने को काले रंग की चादर से ढक लेता है। आकाश में बदलते रंगो को देख कर मै सोचता हूँ की ईश्वर एक महान कलाकार है जो सारा दिन आकाश रूपी कैनवास पर रंगो से खेलते है।

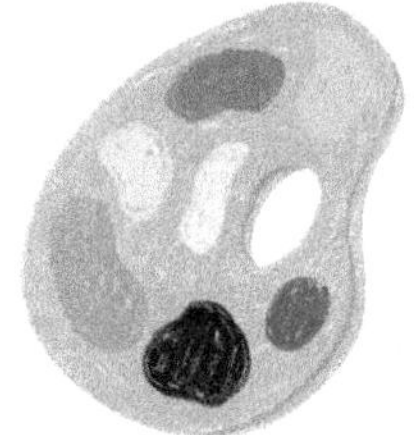 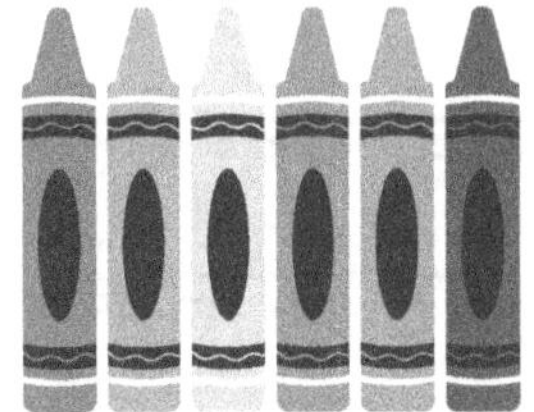 

The sky looks blue in color. It changes its color the whole day. When I see the sky in the morning, it is orange in shade. It turns golden yellow in the noon. When the sun sets in the evening, it gets filled with many hues. It covers itself with a sheet of black color at the fall of night. On seeing the changing colors in the sky, I think that God is a great artist who plays with colors on the canvas of the sky.

Which words have been used for 'color' in the passage?

यह एक सुंदर समुद्र का किनारा है। मैं यहाँ अक्सर आता हूँ। मुझे यहां पैदल पहुंचने में मुश्किल से दस मिनट लगते है। मैं कभी यहाँ अपने परिवार के साथ तो कभी अपने दोस्तों के साथ आता हूँ। रेत पर नंगे पाँव चलना मुझे बहुत पसंद है। मेरी बहन रेत का महल बनाती है और मैं उसकी मदद करता हूँ। समुद्र की लहरे अपने साथ बहुत सीपी ले आती है और उसे किनारे पर छोड़ वापिस विशाल समुद्र में विलीन हो जाती है।

Is, come, take, come, like, make, help, bring, merge

This is a beautiful sea shore. I come here quite often. It hardly takes me ten minutes to reach here. I come here sometime with my family or sometime with my friends.

Walking bare feet on the sand is something I like the most. My sister makes the castle of sand and I help her.   The waves of the sea bring many   sea-shells   with them   and leaving   them   at   the shore, they merge back in the vast ocean.

Pick the new words for you from the passage for your vocabulary

हर साल मेरे शहर में सरकार एक मेला लगाती है। स्थानीय कला को प्रोत्साहित करना इसका उदेश्य होता है। दूर दूर से लोग इसे देखने आते है।

मैं भी अपने पिता जी के साथ मेला देखने जाता हूँ। मेरे पिता मुझे अपने कंधे पर बैठा लेते है और सारा मेला घुमाते है। मैं मेले से बहुत से खिलोने, किताबे और मिठाईया खरीदता हूँ। मेले में मैं ऊँठ की सवारी नहीं करना चाहता हूँ, पर मेरे पिताजी मुझे हर चीज का अनुभव करवाते है।

कुछ बच्चे मेले में खो जाते है इसलिय सारा समय मैं अपनी माँ का हाथ थामे रहता हूँ।

Organize, aim, come, go, make me sit, take me round, buy, do not want, make me taste, get lost, keep holding

Every year, government organizes a fair in my city. It aims to promote the local art. People come to see it from far and wide.

I go to see the fair with my father. My father makes me sit on his shoulder and takes me round the fair. I buy many toys, books and sweets from the fair. I do not want to have a camel ride in the fair but my father makes me taste every thing. Some children get lost in the fair so I keep holding my mother's hand all the time.

Which type of fairs are organized in your town?

सप्ताह में सात दिन होते है। सप्ताह सोमवार से शुरू होता है। सप्ताह के पहले दो दिन आसानी से चले जाते है। बुधवार आने तक लगता है की एक सप्ताह बहुत लम्बा है। शुक्रवार से शनिवार का इंतजार शुरू हो जाता है। इतवार आने की ख़ुशी में शनिवार भी बीत जाता है। इतवार अपने साथ बहुत सी खुशिया लाता है, पर पता नहीं की यह इतनी जल्दी क्यों बीत जाता है।

Are, start, go, seems, start, go off, bring, know, wrap up

There are seven days in a week. A week starts with Monday.

The first two days of the week go easily. It seems the week is very long by the time Wednesday comes.

The wait for Saturday starts from Friday. Even Saturday goes off in happiness of approaching Sunday. Sunday brings many joys with it but I hardly know why it wraps up so soon.

Which is your favourite day of the week?

खेल मानव जीवन का अभिन्न अंग है। बच्चे ही नहीं बड़े भी विभिन्न तरह की खेले खेलना पसंद करते है।

खेले हमें मानसिक और शारीरक रूप से सवस्थ रखती है।

जो बच्चे खेलो में भाग लेते है, वह हमेशा अच्छी सेहत का आनंद लेते है। वे हष्ट पुष्ट, ताकतवर, बलवान और फुर्तीले बनते है। खेलकूद से शरीर में रक्त संचार सही रहता है।

खेलकूद से हमारे मन का तनाव दूर होता है और यह तन और मन को शांति देता है। बच्चे इस क्षेत्र में सफलता हासिल कर के अपने माता पिता का और देश का नाम रोशन करते है।

Are, like, keep, take part, enjoy, become, go good, get relieved, bring, bring credit

Games are an integral part of human life. Not only children but even elderly people like to play different types of games. Games keep us mentally and physically healthy. The children who take part in games always enjoy good health. They become, robust, powerful, strong and active. Blood circulation goes good in our body because of games. The stress of mind gets relieved with playful activities and it brings peace to body and soul. Children after getting success in the field bring credit to their parents and to their nation.

Who bring credit to the nation?

प्रेम मानव जीवन की एक बहुत सुंदर भावना है। ये भावना बच्चे के जन्म से ही शुरू हो जाती है। मातापिता बच्चे के स्नेह से बंध जाते है और बच्चा इस दुनिया में किसी को चाहता है तो वे है उसके माँ बाप।

हम अपने जीवन में विभिन्न लोगो से या चीज़ो से प्रेम करते है।कोई अपने काम से, कोई अपने परिवार से, कोई अपने पालतू जानवर से, कोई प्रकृति से, कोई संगीत से, कोई ईश्वर से, कोई खुद से प्यार करता है तो कोई अपनी महबूबा को दिल में बीठा के रखता है।

प्यार करने वाले इतिहास रच देते है। या तो वे अपने देश प्रेम में अपने जीवन का बलिदान दे देते है या प्यार की राह पर चल कर अमर हो जाते है।

Is, begin, get tied, love, love, create, sacrifice, go immortal

Love is the most beautiful feeling of man's life. The feeling begins with the birth of a child. Parents get tied in the love of their child and if the child loves someone in the world, is his parents only. We love different people or things in our life.

Someone loves his work, his family, his pet animal, nature, music, God or love himself and the other one makes his beloved rule his heart. Those who fall in love create history. Either they sacrifice their life in the love of their nation or they go immortal aheading the path of love.

Try some sentences on : Rule one's heart, create history, go immortal

अभ्यास मनुष्य को परिपूर्ण बनाता है। जब हम किसी चीज का बार बार अभ्यास करते है तो हमें अपनी कमियों के बारे में पता चलता है। हम उन्हें सुधारते है और निपुर्णता की तरफ बढ़ते है। एक विद्यार्थी बार बार अपने सवाल हल करता है और तब कही किसी विषय का मास्टर बनता है।

एक गायक बहुत से रियाज़ के बाद ही मधुर संगीत पैदा कर पाता है। जो लोग इंग्लिश सीखना चाहते है वो इस पुस्तक से बार बार एक ही Tense /काल की प्रैक्टिस करते है और आत्मविश्वास से भर जाते है।

Make, practice, come to know, improve, go toward, solve, become, is, want to, practice, feel

Practice makes a man perfect. When we practice something again and again. we come to know of our weaknesses. We improve them and go towards perfection. A student solves his sums repeatedly and only then he becomes the master of a subject. A singer is able to produce sweet music only after a great practice.

The people who want to learn to speak English. they make constant practice of one tense from this book and get filled with confidence.

Make, practise, come to know, improve, go toward, solve, become, is, want to, practice, get filled

Message of Thanks

Dear Reader,

First and foremost, I extend my heartfelt gratitude for the fantastic response to my previous book, 'EMBELLISH YOUR ENGLISH.' It's truly uplifting when efforts are acknowledged and appreciated. I trust that the new series, 'TENSES ARE MY TEACHER,' will prove to be equally valuable.

Having completed your practice of Volume 1, I'm eager to hear about your experience. What aspects of the book resonated with you the most?

It's remarkable to observe how mastery of a single tense, such as the present tense, can open up numerous possibilities in English communication. You may have realized, Tenses serve as our guiding teachers, imparting the essential lessons needed for effective English communication. I encourage you to continue your practice with the other tenses, as this will undoubtedly enhance your proficiency in speaking English.

Remember, every tense brings its own richness to language, making your expression more nuanced and versatile. Wishing you continued joy in your learning journey until we reconvene in the next volume!

AMRITASHAAN

Make Your Notes

Make Your Notes

www.ingramcontent.com/pod-product-compliance
Lightning Source LLC
Chambersburg PA
CBHW070913160726
48004CB00003B/1350